LE PEINTRE EXIGEANT

COMÉDIE EN UN ACTE

Représentée pour la première fois, le 21 février 1910,
à la *Comédie-Française*.

Il a été tiré de cette pièce

5 exemplaires sur papier de Hollande.

TRISTAN BERNARD

Le Peintre exigeant

COMÉDIE EN UN ACTE

PARIS

LIBRAIRIE THÉATRALE, ARTISTIQUE & LITTÉRAIRE

11, Boulevard des Italiens, 11

PERSONNAGES

HOTZEPLOTZ	MM.	Georges Berr.
MONSIEUR GOMOIS		Siblot.
HENRI....................		Grandval.
TOURILLON		Lafon.
UN OUVRIER..............		Hamel.
MADAME GOMOIS...........	Mmes	Thérèse Kolb.
LUCIE...................		Lifraud.
LA BONNE................		Dussane.
LA CUISINIÈRE		Lherbay.

La scène se passe de nos jours.

LE PEINTRE EXIGEANT

La scène se passe dans une riche maison bourgeoise, du
quartier de Passy. Une baie, à gauche, en pan coupé, avec
une glace sans tain laissant voir le jardin. Une porte à deux
battants, en pan coupé, à droite. Une porte au premier plan,
à gauche. Sur un panneau de droite, premier plan, un pan de
tenture neuve, d'une couleur différente des autres panneaux.
Au fond, à gauche de la glace sans tain, une sorte de coffre-
fort de salon. Sur les deux panneaux, de chaque côté de la
glace, des tableaux, que peuvent dissimuler des rideaux de
soie verte, comme dans certains musées. Le tableau de gauche est recouvert. Le tableau de droite ne l'est qu'à demi.
Madame Gomois est assise sur un canapé, à gauche. M. Gomois et M. Tourillon sont assis à la table du milieu, en train
de fumer des cigares. M. Tourillon est en costume d'automo-
biliste, coiffé d'une casquette, avec ses lunettes relevées sur
le front. Madame Gomois est dans une tenue de ville très
habillée. M. Gomois est en redingote, avec une fleur à la boutonnière.

SCÈNE PREMIÈRE

GOMOIS, MADAME GOMOIS, TOURILLON.

TOURILLON.

Eh bien alors, voyons, quoi? Qu'est-ce que ça signifie? Ou bien ma figure vous dégoûte... (Madame Gomois proteste) ou bien vous avez peur... Il n'y a pas à sortir de là!

GOMOIS.

Non, mon ami, non! ce n'est pas ça... Mais je ne peux pas te dire... (A madame Gomois.) Est-ce qu'on peut lui dire?

MADAME GOMOIS.

Je ne sais pas...

GOMOIS.

Je ne peux pas te dire.

TOURILLON.

Si vous ne pouvez pas le dire, gardez-le pour vous.

GOMOIS.

Il est vexé, maintenant!

TOURILLON.

Je ne suis pas vexé, chacun a ses secrets... (Un temps.) Vous me les diriez qu'ils seraient bien gardés; mais enfin, du moment que vous ne pouvez pas...

MADAME GOMOIS.

Vous êtes vexé, monsieur Tourillon...

TOURILLON, à Gomois.

Est-ce que j'ai l'air d'un homme vexé?

GOMOIS.

Oui. (A madame Gomois.) Nous pourrions peut-être tout de même...

TOURILLON.

Mais gardez donc ça pour vous! Est-ce que je vous demande quelque chose?

GOMOIS.

Nous allons te le dire.

TOURILLON.

Je ne veux rien savoir. J'aime mieux que vous ne me confiiez rien du tout. Pensez donc! tu ne me connais que depuis trente-cinq ans, ce n'est pas suffisant comme intimité.

GOMOIS.

Ecoute... Voilà ce dont il s'agit : tu sais, il faut que ça soit toi...

MADAME GOMOIS.

Il faut que ce soit vous!

GOMOIS, à madame Gomois.

Je lâche le paquet?

MADAME GOMOIS.

Vas-y!

GOMOIS.

Eh bien, nous faisons faire notre portrait!

TOURILLON, le regardant avec stupeur.

C'est ça le secret dont vous m'honorez? Je vous remercie! Une preuve de confiance que je n'oublierai jamais.

GOMOIS.

Tu ne te rends pas compte de ce que c'est... Je vois que tu ne te rends pas compte.

MADAME GOMOIS.

Il ne se rend pas compte.

GOMOIS.

Il ne sait pas à quel peintre nous avons affaire!

MADAME GOMOIS.

Un homme de génie!

GOMOIS.

On l'a dit de bien des peintres, qu'ils avaient du génie... ce n'est pas vrai, ce n'est jamais vrai... Ce n'est vrai que pour celui-là.

TOURILLON.

Et comment s'appelle-t-il?

GOMOIS.

Tu ne connais pas son nom.

MADAME GOMOIS.

Vous ne connaissez pas son nom.

GOMOIS.

En dehors de quelques privilégiés, personne ne connaît son nom.

MADAME GOMOIS, affirmant de la tête.

Mais c'est un peintre de génie.

GOMOIS.

C'est le seul peintre de notre époque.

TOURILLON.

Le seul peintre de notre époque? Màlin! Qui est-ce qui a dit cela?

GOMOIS.

C'est moi qui le dis.

TOURILLON.

Toi?... C'est admirable! D'où t'est venue cette compétence subite?... Enfin, quoi! Il y a deux mois tu ne t'occupais pas de peinture...

GOMOIS, à madame Gomois, souriant ironiquement.

Il y a deux mois je ne m'occupais pas de peinture!

MADAME GOMOIS, même ton.

Oui!

GOMOIS.

Quand il a dit ça, il a tout dit. Parce qu'il y a deux mois je ne m'occupais pas de peinture, je ne suis pas capable de juger aujourd'hui... On voit que tu n'es pas au courant, mon pauvre vieux!

MADAME GOMOIS.

On voit que vous ne connaissez pas notre ami!

GOMOIS.

Mais, si tu le connaissais seulement pendant deux jours, tu aurais plus de compétence en peinture que n'importe qui... Et, à côté de ça, tu verras des professeurs soi-disant remarquables, des membres de l'Institut, qui font de la peinture de-

puis l'âge de douze ans, qui se figurent qu'ils s'y
connaissent...

MADAME GOMOIS, avec autorité.

Et qui n'y connaissent rien du tout !

GOMOIS.

L'important, c'est d'avoir la chance de tomber
sur un homme qui s'y connaît vraiment; alors, du
moment qu'on a rencontré cet homme-là, il n'a
qu'à vous dire ce qu'il faut savoir.

MADAME GOMOIS.

C'est ce qui est arrivé avec M. Hotzeplotz.

TOURILLON.

Hott... plott...?

GOMOIS.

C'est le nom de notre peintre.

TOURILLON.

De quel pays est-il?

GOMOIS.

Il a un nom étranger, mais il est Français. En
tout cas, il a l'œil français. Il nous l'a bien expli-
qué.

TOURILLON.

Et vos portraits, où en sont-ils? Est-ce qu'ils
sont avancés?

GOMOIS, regardant madame Gomois.

Ah! c'est ça! C'est bien ça!... Il demande si nos
portraits sont avancés!...

MADAME GOMOIS.

Il se figure que ça se fait tout seul!

GOMOIS.

Que ça se *crée* tout seul! (Faisant signe à madame Gomois.) Ma bonne amie, je t'en prie! (A Tourillon.) Tu vas voir ce qu'il a fait en une seule séance. (Elle va prendre sur un guéridon au fond un tableau représentant un vague paysage.) ...Parce qu'il faut te dire, il travaille ici depuis hier.

MADAME GOMOIS.

Avant, nous allions tous les jours à son atelier.

GOMOIS.

Seulement il a voulu nous voir dans notre atmosphère.

TOURILLON, le regardant.

Ah!

MADAME GOMOIS.

Dans notre ambiance.

TOURILLON, la regardant.

Ah!

GOMOIS.

Regarde.

Madame Gomois présente le tableau.

TOURILLON.

Ce n'est pas un portrait...

GOMOIS, haussant les épaules.

Naturellement ce n'est pas un portrait!

TOURILLON.

C'est plutôt un paysage.

GOMOIS.

Oui, c'est ce qu'on appelle chez les gens « un paysage »...

MADAME GOMOIS.

Chez les gens !

GOMOIS, supérieur.

Ma bonne amie, je t'en prie. (Il lui fait signe de remporter le tableau. A Tourillon.) Tu ne sais pas ce que c'est que la peinture.

TOURILLON.

Mais à votre portrait, il n'a pas travaillé du tout ?

GOMOIS.

Il n'a fait que ça... Il n'a rien mis sur la toile encore, mais il n'a fait qu'y travailler depuis trois semaines... Décidément, tu vis avec les vieilles idées ! Tu te figures qu'un peintre va venir chez vous, qu'il va se mettre en face de sa toile, prendre ses pinceaux, et allez donc !.. Oh ! je sais qu'il y a des peintres de ce numéro-là ! Mais, ce n'est pas des peintres ! Lui ne fera notre portrait que quand ça viendra... Et ça va venir, ça va venir ! Hier, en nous quittant, il nous a dit : « Je vous tiens ! »

MADAME GOMOIS, pénétrée.

Il nous tient.

GOMOIS.

Seulement, en attendant qu'il nous tienne, il a fallu qu'il nous cherche !

MADAME GOMOIS.

Oui ! Oui ! Que de fois nous a t-il répété : « Taisez-vous ! taisez-vous ! Je vous cherche ! »

TOURILLON, après les avoir examinés avec inquiétude, se lève brusquement.

Qu'est-ce que j'ai donc fait de ma casquette ?

GOMOIS.

Il *cherche* aussi notre fille Lucie.

TOURILLON.

Ah ! Ah !

GOMOIS.

Pourquoi : Ah ! Ah !

MADAME GOMOIS.

Oui, pourquoi : Ah ! Ah !

TOURILLON.

Pour rien!... Il lui fait peut-être la cour en la cherchant ?

GOMOIS.

Oh ! il n'y a pas de danger ! Je voudrais bien !

MADAME GOMOIS.

Nous voudrions bien !

TOURILLON.

Comment... vous voudriez bien ?

GOMOIS.

Je le désirerais vivement, parce que d'abord, si Lucie pensait à Holzeplotz, au moins elle ne penserait pas à son cousin, le petit Henri...

TOURILLON.

Oui, oui, je le connais, celui qui est à la banque
Dorin.

GOMOIS.

C'est lui... Lucie en est malheureusement to-
quée... Or, ni moi ni ma femme nous ne voulons
que ça se fasse...

MADAME GOMOIS.

Ni moi ni ma femme.

TOURILLON.

Mais pourquoi ça? Henri est un gentil garçon...

GOMOIS.

Oui, oui, mais il n'a aucune position. Il est em-
ployé à la banque Dorin, ce n'est pas une position,
ce n'est pas sérieux... S'il était associé, ou même
intéressé... Mais ça ne sera pas de sitôt! C'est
qu'elle va avoir vingt ans, la petite, et nous ne
voulons pas attendre qu'elle ait trente-cinq ans
pour la marier...

MADAME GOMOIS.

Certainement non!

TOURILLON.

Enfin ce sont vos affaires... Alors, décidément,
je ne vous emmène pas?

GOMOIS.

Non, tu vois!

TOURILLON.

Bon! Bon! Qui est-ce que je pourrais bien emmener?

GOMOIS.

Tu venais nous chercher parce que tu ne savais
pas qui emmener?

TOURILLON.

Mais si! Mais si! Je savais bien que j'aurais
voulu vous emmener, vous... ça m'amusait; mais,
en dehors de vous, je ne vois pas... Enfin! Ce sera
pour une autre fois...

MADAME GOMOIS.

Au revoir!

GOMOIS.

Au revoir!

TOURILLON, en s'en allant.

Oh! mais qu'est-ce que ça veut dire? Vous avez
changé la tenture de votre salon?

GOMOIS.

Oui, nous avons mis ce pan d'étoffe neuve sur
ce panneau.

MADAME GOMOIS.

Et il est probable que nous allons tendre le reste
comme ça.

TOURILLON.

Je ne suis pas fou de cette étoffe.

GOMOIS.

C'est Hotzeplotz qui l'a choisie... Ainsi!

TOURILLON.

Ah! si c'est Hotzeplotz'...

GOMOIS.

Il en avait besoin comme fond. Comme il n'y

avait pas assez d'étoffe de cette couleur en maga-
sin, il a fallu en mettre d'autre en fabrication. J'ai
toujours pris ce qu'il en fallait pour tendre ce panneau... C'est une étoffe qui revient à cent trente-
cinq francs le mètre...

TOURILLON.

Cent trente-cinq francs le mètre!... Enfin, c'est
peut-être moi qui me trompe: elle est peut-être
bien cette étoffe, après tout !... Au revoir !

GOMOIS.

Au revoir !

MADAME GOMOIS.

A une autre fois !

Tourillon sort, en se croisant avec la bonne qui tient une
casserole à la main.

SCÈNE II

GOMOIS, MADAME GOMOIS, LA BONNE.

GOMOIS, à la bonne.

Qu'est-ce que c'est que cette casserole ?

LA BONNE.

C'est de la cendre.

GOMOIS.

De la cendre ! Mais qu'est-ce que vous venez
faire ici avec ça ?

LA BONNE.

C'est pour jeter sur cette tenture.

MADAME GOMOIS.

Vous êtes folle?

LA BONNE.

C'est M. Hotzeplotz qui m'a dit hier de jeter de
la cendre sur la tenture, parce qu'elle est trop
neuve. Il tient à ce qu'elle soit sale... pour son fond,
qu'il a dit...

MADAME GOMOIS.

Oh! mais, dites donc, c'est ennuyeux ça! qu'il
nous abîme cette tenture... ça ne se nettoiera pas,
et nous serons obligés, pour que ça ne fasse pas
tache, de mettre de la tenture sale sur les autres
panneaux.

GOMOIS, à la bonne.

Posez cette casserole; nous verrons ce que dira
M. Hotzeplotz.

La bonne sort.

SCÈNE III

MADAME GOMOIS, GOMOIS.

MADAME GOMOIS.

Je vais tout de même demander à M. Hotzeplotz,
avant d'abîmer cette étoffe, si c'est absolument
nécessaire.

GOMOIS.

Oui, mais il ne va pas être content...

MADAME GOMOIS, inquiète.

Tu crois ? Enfin, que veux-tu ? On mettra ça sur le compte de la bonne, on dira qu'elle n'y a pas pensé et on lui donnera quarante sous pour qu'elle ne nous démente pas. (On sonne.) C'est lui !

GOMOIS.

C'est lui !

MADAME GOMOIS.

Qu'est-ce qu'il va nous faire aujourd'hui ?

GOMOIS.

Je n'en sais rien. Ne te mêle pas de ça... Il va entrer... Tu feras attention à ne pas lui dire bonjour... La dernière fois, tu lui as dit bonjour pendant qu'il suivait son image et il nous a dit que ça lui avait fait perdre son image... Alors, cette fois, ne lui dis rien et attends qu'il dise bonjour... Oh ! diable ! qu'il ne voie pas ça !

Il recouvre précipitamment le tableau à moitié découvert.

MADAME GOMOIS.

Oh ! non ! qu'il ne voie pas ça !

GOMOIS.

Il était temps !...

Entre Hotzoplotz.

SCÈNE IV

Les Mêmes, HOTZEPLOTZ.

Hotzeplotz passe sans rien dire devant M. Gomois et madame Gomois. Il fait simplement un signe avec la main, par-dessus son épaule. Puis il tire une clef de sa poche, va ouvrir le coffre-fort, et prend avec précaution deux toiles, une palette et des pinceaux. Il met le tout sur la table.

GOMOIS, bas, à madame Gomois.

Tais-toi surtout ! puisqu'il ne dit rien ! Bon ! Voilà qu'il s'arrête devant la tenture... Il faut tout de même que je lui explique... (A Hotzeplotz, timidement.) Monsieur Hotzeplotz, vous aviez peut-être donné des ordres pour cette tenture ?...

HOTZEPLOTZ, rêveur.

Oui, j'avais donné des ordres.

GOMOIS.

... Ça n'a pas été fait... Je vais vous dire...

HOTZEPLOTZ.

Ça n'a pas été fait... heureusement ! J'ai une autre idée pour cette étoffe.

GOMOIS.

C'est une si belle étoffe.

HOTZEPLOTZ.

... Je vais la lacérer, la soumettre à des acides et j'enverrai dedans quelques décharges de petit plomb. Après ça, nous aurons un fond admirable. (Joyeusement.) Admirable !...

GOMOIS, content, à madame Gomois, à mi-voix.

Ah ! il est de bonne humeur !

HOTZEPLOTZ.

Monsieur Gomois, je crois qu'aujourd'hui, je
vais travailler... Vous entendez! Il va sortir quelque chose! Seulement, attention, n'est-ce pas?

GOMOIS.

Oh ! monsieur Hotzeplotz, vous pouvez y comp-
ter, nous ferons attention !

HOTZEPLOTZ.

Taisez-vous ! Je sais que vous ferez attention.
(Il s'assoit.) Maintenant, je m'assois ici, et vous,
vous allez marcher, vous entendez,... vous allez
peupler la chambre... Marchez jusqu'à ce que je
vous dise d'arrêter... Quand je dirai : « Arrêtez! »
vous vous arrêterez, mais exactement dans la position où vous serez quand vous entendrez mon cri...
Vous m'avez bien entendu ? Alors, marchez! (Ils
marchent l'un derrière l'autre autour de Hotzeplotz.) Ça vous
fatigue de marcher comme ça, madame Gomois?

MADAME GOMOIS.

Oh ! non, monsieur Hotzeplotz, ça ne me fatigue
pas...

HOTZEPLOTZ.

Tant pis! Une personne mûre qui se donne du
mouvement, je n'aurais pas été fâché de voir une
trace de lassitude sur votre visage... (Regardant
Gomois.) Oh! qu'il est beau! Oh! qu'il est beau!

Oh! qu'il est beau, ce Gomois! C'est le marchand...
c'est le marchand!...

*Il se lève de son fauteuil, enlève et jette à terre la fleur que
Gomois portait à la boutonnière, puis revient s'asseoir.*

GOMOIS.

Ah! dame! J'ai été dans le commerce pendant
trente ans.

HOTZEPLOTZ, dans l'extase.

Oui, oui! C'est bien la férocité froide, la cupi-
dité du marchand!... L'homme qui reste à son
comptoir pendant des heures, et qui ne s'ennuie
pas, parce qu'il ne pense qu'à gagner, qu'à râfler,
qu'à enfouir, qui est scrupuleux dans ses affaires...
(Faisant une moue.) juste ce qu'il faut, mais pas plus...
Oh! le beau modèle! (Regardant madame Gomois. Après
un silence:) Ah! madame Gomois est admirable!

MADAME GOMOIS.

Monsieur Hotzeplotz, vous êtes trop gentil!

HOTZEPLOTZ, sur un ton plaintif.

Oh! Madame Gomois est admirable! C'est la
figure traditionnelle de la ménagère active, regar-
dante... Oh! et surtout — surtout — pas intelligente! Oh! non! non! pas de la laide, pas de l'affreuse intelligence... Non! Non! Ce qu'il nous faut
pour ce tableau, c'est la simplicité plantureuse...
Vous ne savez pas à quel point je suis heureux de
penser que vous n'êtes pas intelligente...

MADAME GOMOIS, timidement.

On disait pourtant, quand j'étais en classe, que
je l'étais...

HOTZEPLOTZ.

Intelligente? Jamais de la vie! Mais en tout cas, vous ne l'êtes plus, heureusement!

GOMOIS, à madame Gomois.

Remercie-le!

MADAME GOMOIS.

Pourquoi? Est-ce que c'est du bien ou du mal?

GOMOIS, à voix basse.

Je n'en sais rien. Mais il vaut mieux lui dire merci...

MADAME GOMOIS, à Hotzeplotz.

Je vous remercie, monsieur Hotzeplotz.

HOTZEPLOTZ, irrité.

De quoi? De quoi me remerciez-vous maintenant? D'être ce que vous êtes? Mais il ne faut pas vous en apercevoir, il faut que vous soyez ce que vous êtes, tranquillement, que vous n'en ayez pas conscience... (Gémissant, et s'étendant sur le canapé.) Ah! mon Dieu! mon Dieu! si vous en avez conscience, tout est perdu! Si vous avez le malheur de perdre votre ingénuité, mais qu'est-ce que nous allons devenir?... (Brusquement.) Arrêtez!... Arrêtez tous les deux!... Bien! Mettez-vous à côté l'un de l'autre... Mais, nom de nom! laissez pendre vos bras et vos mains! que ce soit bien simple, bien béat... Oh! que c'est bien! Que c'est bien! Que c'est bien!... (Changeant de ton.) Allez-vous-en!

MADAME GOMOIS.

Vous n'avez plus besoin de nous?

HOTZEPLOTZ.

Non, non... ça va germer... Je sens que ça va
mûrir. Aussitôt que j'aurai besoin de vous, je vous
ferai chercher... Pour le moment, disparaissez...
je ne veux pas que vos images superposées vien-
nent brouiller la première image que vous m'avez
donnée. Faites-moi chercher votre fille...

GOMOIS, allant au fond.

Léontine, faites venir mademoiselle...

HOTZEPLOTZ.

Je vais essayer de travailler un peu avec votre
fille... Vos images à vous, ça se réalisera quand il
faudra que ça se réalise... peut-être tout à l'heure,
peut-être dans cinq ans... (Après avoir songé, la main
sur les yeux.) Monsieur Gomois, est-ce que vous tenez à votre barbe?

GOMOIS.

Si je tiens à ma barbe? Je l'ai toujours portée...

HOTZEPLOTZ, ferme.

Ah! c'est une erreur... oui, c'est une erreur...
Elle vous empâte, elle vous enlève toute expres-
sion... vous seriez cent mille fois mieux sans ces
touffes...

GOMOIS.

Oh! vous savez, je ne suis pas coquet...

HOTZEPLOTZ.

Qui vous parle de coquetterie? (méprisant.) Je ne
dis pas que vous serez plus beau. Vous aurez un
facies plus intéressant, plus sorti, plus vivant...

GOMOIS.

J'irai demain chez mon coiffeur.

HOTZEPLOTZ.

A-t-il le téléphone ?

GOMOIS.

Oui, je crois...

HOTZEPLOTZ.

Nous ne ferons rien de bon tant que vous aurez
ce matelas de poils sur la figure... Peut-être tra-
vaillerai-je avec vous à la fin de l'après-midi...
(Il regarde la fenêtre de droite.) quand ce jour sera
modifié... Voilà une fenêtre abominablement placée.

MADAME GOMOIS.

Elle s'ouvre en plein soleil.

HOTZEPLOTZ.

Justement! On commence un tableau dans une
bonne lumière... L'instant d'après, c'est aveu-
glant... à moins que ça devienne tout noir...
Ah! si on pouvait changer cette fenêtre de place !

MADAME GOMOIS.

On pourrait mettre des rideaux...

HOTZEPLOTZ.

Ça n'est pas suffisant... Il faudrait murer, murer, murer... On ouvrirait une autre fenêtre sur
cet autre pan de mur. (Sur un geste de Gomois.) Pas
aujourd'hui. Nous étudierons cela... C'est comme
cet arbre, devant cette baie...

GOMOIS.

Il a trois cents ans. Son feuillage magnifique
couvre cent mètres carrés.

HOTZEPLOTZ.

Nous verrons à déplanter ce végétal encombrant,
et à le f... dans un coin du jardin où il n'embêtera
plus le monde.

LA BONNE, arrivant.

Mademoiselle est en train de reconduire sa maî-
tresse de piano. Elle arrive dans un instant.

HOTZEPLOTZ.

Bon! Bon! Je vais travailler avec elle Allez toujours, monsieur et madame Gomois...

GOMOIS, à madame Gomois en s'en allant.

Il est bien disposé aujourd'hui.

SCÈNE V

HOTZEPLOTZ, LA BONNE, puis LUCIE.

HOTZEPLOTZ.

Elle va venir, mademoiselle?

LA BONNE.

Oui, tout de suite.

HOTZEPLOTZ.

Venez un peu, vous!... Regardez-moi! Soulevez
un peu votre manche... Plus haut! (Il lui examine le
bras.) Bien! Bien! Bien! C'est bien! Maintenant,
ouvrez un peu votre col...

LA BONNE, faisant un geste pudique.

Oh! monsieur, voyons!

HOTZEPLOTZ.

A quoi pensez-vous, mal élevée ?... Ouvrez votre col ! (La bonne, impressionnée, ouvre son col. Hotzeplotz, la regardant avec attention.) Un beau ton de chair... ça ferait une figure de Dryade dans le vert des arbres... (A la bonne.) Vous allez vous déshabiller complètement, et vous irez dans la serre...

LA BONNE.

Oh ! monsieur Hotzeplotz !

HOTZEPLOTZ.

Quoi ? Monsieur Hotzeplotz ?

LA BONNE.

On ne m'a jamais demandé ça...

HOTZEPLOTZ, sévère.

Moi, je vous le demande ! Allez, et déshabillez-vous, impudique ?

LA BONNE, en s'éloignant.

Qu'est-ce que c'est que cet homme-là ?

HOTZEPLOTZ.

Allez !

LA BONNE.

Voilà mademoiselle. (En sortant.) Qu'est-ce que c'est que cet homme-là ?

HOTZEPLOTZ, à Lucie, qui entre par la gauche, premier plan.

Bonjour, Mademoiselle ! (Lucie a l'air désolé. Hotzeplotz, sans la regarder, en installant son chevalet et sa toile.) Vous, je sais ce que vous êtes... Il n'y a plus rien à chercher... D'ailleurs, je n'ai pas cherché

longtemps. La première fois que je vous ai vue,
ça s'est décidé tout de suite... Vous c'est le sourire... C'est la clarté du sourire... La clarté et
la netteté... C'est aussi le sourire un peu fragile,
furtif... et pourtant définitif et éternel... Oh! oh!
je vois ça parfaitement!... C'est tout ce qu'il y a de
plus simple et de plus absolu... (Il se retourne et l'a-
perçoit.) Mais, sapristi, mademoiselle, il faut que
vous souriiez. Vous ne souriez pas...

LUCIE, se forçant.

Mais si, monsieur, je souris.

HOTZEPLOTZ.

Je vous dis que vous ne souriez pas... Tenez,
mettez-vous sur cette chaise-là. Je vais me placer
devant ma toile... vous sourirez... je peindrai et
vous sourirez... Je parlerai, je dirai des choses...
n'importe quoi... pour m'étourdir... pour arriver
à peindre machinalement, pour faire disparaître de moi l'Intention, l'affreuse Intention, pour
que ma peinture soit une émanation naturelle
de moi-même, une œuvre rapide et spontanée de
mon instinct. (Il appuie tout à coup son pinceau sur la
toile.) Ah! voilà la place où vous sourirez! (Il montre
la toile blanche en laissant son pinceau appuyé dessus.)
C'est là que sera votre sourire. (Il fait un petit signe
au crayon.) C'est déjà un point essentiel, je sais où
il sera... Maintenant ne vous occupez pas de moi.
Ce matin, en venant ici... Souriez! Souriez!...
j'ai pris ma route accoutumée, j'ai vu dans la rue
un ouvrier qui tombait d'un toit et qui s'est écrasé
sur le trottoir... Souriez!... Souriez! voyons!...

LUCIE.

Mais il n'y a pas de quoi sourire !

HOTZEPLOTZ.

Oh ! si vous écoutez ce que je dis !... je vous dis
que je parle pour que mon pinceau aille malgré
moi, en dehors de moi... (Lucie pousse un soupir. Hotzeplotz, se levant.) Mais qu'est-ce que ça veut dire,
maintenant ? vous poussez des soupirs ! Vous êtes
triste ! Vous allez vous mettre à être triste ?

LUCIE.

Oh ! monsieur Hotzeplotz, je ne peux pas sourire, en ce moment...

HOTZEPLOTZ.

Mais vous n'avez pas le droit de ne pas sourire !

LUCIE, essaye à deux reprises de sourire, puis se jette en
pleurant dans les bras d'Hotzeplotz.

Non ! Non ! je ne peux pas, je ne peux pas sourire, monsieur Hotzeplotz, j'ai trop de chagrin !

HOTZEPLOTZ.

Mais pourquoi ça ?

LUCIE.

Mais parce que mon père est mauvais pour moi.

HOTZEPLOTZ.

Votre père est mauvais pour vous ?

LUCIE.

Voilà. Je vais tout vous dire. Je voudrais épouser mon cousin, et mon père ne veut pas que je
l'épouse, parce qu'il est trop jeune et qu'il n'a pas
de position.

HOTZEPLOTZ.

Oh ! mais, il faut mettre ordre à ça ! Oh ! nous allons faire dire à votre père de venir nous parler. (Allant à la porte, et à la bonne qui passe.) Voulez-vous, s'il vous plaît, dire à M. Gomois qu'il vienne ici immédiatement.

LUCIE.

Comment, monsieur ! vous consentiriez à parler à mon père de ce que je vous ai dit ?... Ah ! si vous pouviez le fléchir, comme vous me rendriez heureuse !

HOTZEPLOTZ.

Je vais dire à votre père ce qu'il faut, ce que je dois lui dire... ce que mon devoir d'artiste me commande de lui dire.

LUCIE.

Et moi, monsieur, je m'en vais... Je n'ose pas rester...

HOTZEPLOTZ.

Nous reprendrons la séance dans une demi-heure. Il faut que cette affaire soit tranchée le plus tôt possible, car il est essentiel que vous souriiez... (Lucie sourit.) Comme ça, voyez, comme ça !...

SCÈNE VI

GOMOIS, HOTZEPLOTZ.

A l'entrée de Gomois, Hotzeplotz est assis, accablé, sur un
fauteuil. Gomois est complètement rasé.

HOTZEPLOTZ, le regardant avec stupeur.

Qu'est-ce que c'est que ça ?

GOMOIS, souriant.

Eh bien, monsieur Hotzeplotz, c'est moi!... Je
me suis fait couper la barbe.

HOTZEPLOTZ.

Mauvaise idée. Ça va être long à repousser, cette
histoire-là! Enfin!... Il ne s'agit pas de ça... ça, ça
n'a pas d'importance... ce n'est rien auprès du tort
énorme que vous me faites aujourd'hui...

GOMOIS.

Monsieur Hotzeplotz, je ne vous comprends pas.

HOTZEPLOTZ.

Vous avez une fille, monsieur Gomois?

GOMOIS.

Oui, monsieur Hotzeplotz.

HOTZEPLOTZ.

Vous avez une fille de dix-huit ans... J'aurais pu
ne jamais la voir... J'aurais pu rencontrer des mil-
lions de personnes et pas elle... La Providence a
donc voulu cette coïncidence miraculeuse ; elle a

décidé que cette jeune fille se trouverait sur mon chemin !

GOMOIS.

Monsieur Hotzeplotz, est-ce que vous aimeriez ma fille ?

HOTZEPLOTZ, impatienté.

Mais non, monsieur Gomois, il n'est pas question de cela ! Qui est-ce qui vous parle de cela ? L'amour ! L'amour ! Mais qu'est-ce qu'ils ont donc tous à ne penser qu'à ça !... Ce qui arrive est beaucoup plus grave !

GOMOIS, inquiet.

Beaucoup plus grave?

HOTZEPLOTZ.

Le jour où j'ai rencontré cette jeune fille, elle souriait... Vous entendez, elle souriait !... Monsieur Gomois, vous ne savez pas ce que c'est que le sourire de cette fille !

GOMOIS.

Comment, monsieur Hotzeplotz?... Mais je suis son père. Je vous assure que quand elle sourit, eh bien, cela me fait plaisir...

HOTZEPLOTZ.

Vous ne savez pas ce que c'est que son sourire, monsieur Gomois ! Vous ne l'avez jamais vu. Personne ne l'a jamais vu, en dehors de moi. (Il se touche le front.) Actuellement, ce sourire est là... Il n'existe que là ! Pour que vous le voyiez, ce sourire, pour que tout le monde le voie, il faut qu'il vienne, (il suit du doigt la ligne de son bras) il faut qu'il vienne jusque-là, au bout de mon pinceau, à cet endroit précis, sur cette toile! Alors on le verra et je pourrai disparaître : il existera définitivement. Pour le moment, il est à peine fixé en moi. J'en retiens éperdument l'image fugitive. Et pourquoi? Parce que, moi-même, je ne l'ai pas assez vu.... Parce que je n'ai pas assez regardé votre fille...

GOMOIS.

Mais, monsieur Hotzeplotz, regardez-la tant que vous voudrez !

HOTZEPLOTZ.

Mais, monsieur Gomois, comment voulez-vous que je la regarde ? Où est-elle, votre fille, où est-elle ?

GOMOIS.

Je vais la faire chercher.

HOTZEPLOTZ.

Il viendra une jeune fille qui répondra au nom de Lucie, mais qui ne sera plus celle que j'ai connue! Mon modèle n'existe plus, puisqu'il a cessé de sourire !

GOMOIS.

Ah! oui, je commence à entrevoir quelque chose. Elle vous a fait ses confidences ! Elle vous a dit que nous n'étions pas d'accord pour ses petits projets de mariage? Mais enfin, monsieur Hotzeplotz, pour que vous retrouviez votre modèle, vous n'exigez pas que je marie ma fille contre mon gré !

HOTZEPLOTZ, avec un calme effrayant.

Je n'exige rien, monsieur Gomois... Assez causé.
Nous ne nous entendrons jamais. Je vais quitter
cette maison où je suis entré avec tant d'espoir.
Il y a une heure, j'étais le plus heureux des hom-
mes, et l'égal des plus grands. Maintenant, je
suis le plus petit, le plus chétif, le plus en détresse.
Adieu. (Changeant de ton, et très calme :) Si vous dési-
rez utiliser ces toiles que je vous ai fait acheter,
je vous enverrai un peintre, (souriant) ce que vous
appelez un peintre. Il fera votre portrait en huit
séances, avec ou sans barbe. Il vous fera le portrait de mademoiselle Lucie, à votre choix, avec
ou sans sourire, pour orner le salon de monsieur
votre gendre, quand vous aurez agréé un gendre
qui aura une position. Adieu !

Il va pour sortir, mais Gomois le retient...

GOMOIS.

Monsieur Hotzeplotz, vous ne pouvez pas partir
comme ça ! (Il le tient par le bras.) Vous compren-
drez, monsieur Hotzeplotz, qu'il faut bien que je
songe un peu au bonheur futur de ma fille...

HOTZEPLOTZ, le regardant avec stupéfaction.

Le bonheur de votre fille ? Monsieur Gomois,
est-ce que vous l'avez entre les mains ? Vous ne
savez rien de l'avenir, entendez-vous ? La seule
chose dont vous soyez sûr, c'est de sa joie présente. Ne faites pas le malin, monsieur Gomois ! Ne
soyez pas plus fort que le Destin ! C'est déjà bien
joli d'avoir une occasion de créer de la joie ac-
tuelle...

GOMOIS, condescendant.

Il y a du vrai dans ce que vous dites... C'est assez juste...

HOTZEPLOTZ, ingénu.

Mais comment voulez-vous que je dise autre
chose que des choses justes ?

GOMOIS, songeur.

Evidemment on n'est jamais sûr du bonheur
futur...

HOTZEPLOTZ.

Et l'on est sûr du bonheur présent !

GOMOIS.

Ecoutez, monsieur Hotzeplotz, peut-être que, si
j'examine de plus près ce projet de mariage auquel
je n'ai pas encore songé très longuement, si je m'y
habitue, j'arriverai à envisager... Ne brusquons
pas les choses... Laissez-moi trois jours... deux
jours... jusqu'à demain...

HOTZEPLOTZ, navré.

Demain ! Demain ! Demain ! Mais, monsieur Gomois, d'ici à demain mon modèle n'existera plus !
Vous infligez à votre fille vingt-quatre heures de
douleur supplémentaire qui feront d'elle un être
plus usé, plus âgé... En martyrisant cette enfant...

GOMOIS.

En martyrisant... Voyons ! est-ce que c'est une
vraie douleur ?

HOTZEPLOTZ.

Vous voulez m'apprendre à moi, qui suis peintre,

ce que c'est qu'une vraie douleur!... Mais sa douleur, à votre fille, monsieur Gomois, est tellement vraie que je me demandais si je ne devais pas la rendre plus malheureuse encore pour arriver à la véritable synthèse de la Douleur...

GOMOIS, l'interrompant.

Ah! bien non! ça tout de même, je n'y tiens pas... J'aime mieux la voir souriante et heureuse...

HOTZEPLOTZ.

Moi aussi. Je ne sens pas le tableau de la Douleur. Je ne sais pas s'il viendrait ou s'il ne viendrait pas... Tandis que le Sourire, ça y est... Que dis-je, ça y est... ça y était!... Maintenant, ça n'y est plus!...

GOMOIS, dans un élan, le retenant.

Eh bien, monsieur Hotzeplotz, ça y sera! ça y sera!

HOTZEPLOTZ, avec élan, lui prenant la main.

Ça y sera?

GOMOIS.

Ça y sera! Si vous, monsieur Hotzeplotz, qui vous vous y connaissez, vous pouvez croire que ma fille est vraiment malheureuse, eh bien, je ne peux pas endurer cette idée, et je veux qu'elle soit heureuse! Après tout, ce petit garçon n'a pas de position, maintenant, mais fatalement, un jour, il en aura une...

HOTZEPLOTZ, chaleureux.

Certainement!

GOMOIS.

Alors, en attendant, j'aurai donné de la joie à cette petite...

HOTZEPLOTZ, véhément.

Et vous aurez doté le monde d'un chef-d'œuvre ! Vous aurez fait acte de toute-puissance, monsieur Gomois ! (Il l'embrasse.) Maintenant, ne perdons pas de temps, allez tout de suite annoncer à votre fille...

GOMOIS, vivement.

Oui, tout de suite !

La cuisinière ouvre la porte à ce moment.

LA CUISINIÈRE.

C'est monsieur Henri.

GOMOIS, à la bonne.

Faites entrer. (A Hotzeplotz.) C'est le petit jeune homme en question. (A la cuisinière.) Marie, comment se fait-il que ce soit vous qui ouvriez la porte, et non la femme de chambre ?

LA CUISINIÈRE.

La femme de chambre ne peut pas. Elle est toute nue dans la serre ! (Gomois la regarde avec stupéfaction.) Voici monsieur Henri.

SCÈNE VII

LES MÊMES, HENRI, qui entre et salue. Un silence.

GOMOIS, à part.

Oh ! comme il est jeune !

HOTZEPLOTZ, le regardant.

Tiens ! c'est un triste ! Il a l'air plutôt triste.

GOMOIS.

Henri, j'ai quelque chose à t'annoncer... Toute
réflexion faite, je suis revenu un peu sur ton compte.

HOTZEPLOTZ, l'examinant.

Il sourit... ça lui va mal...

GOMOIS.

Et voici ce que j'ai décidé...

HOTZEPLOTZ, l'arrêtant.

Attendez ! Attendez ! (A lui-même.) Le sourire lui
va mal. (A Gomois.) Attendez. (A Henri.) Bonjour,
monsieur. Monsieur Gomois me charge de vous
dire qu'il a réfléchi... mais que, toute réflexion
faite, il vous trouve trop jeune...

GOMOIS.

Mais, monsieur Hotzeplotz...

HOTZEPLOTZ.

Laissez-moi... (A Henri.) Il vous trouve trop jeune
pour épouser maintenant sa fille.

HENRI, fondant en larmes.

Oh! oh ! je m'en doutais, mais c'est effrayant !

HOTZEPLOTZ.

Bien ça ! Bien ça !

GOMOIS.

Mais enfin, qu'est-ce que ça veut dire ?

HOTZEPLOTZ, repoussant Gomois.

Laissez-moi... Et, comme il ne peut pas attendre dix ans pour marier sa fille, il est décidé qu'elle en épousera un autre.

HENRI.

Oh ! c'est effrayant, mon Dieu ! C'est effrayant, ce que vous me dites là !

HOTZEPLOTZ, écartant les mains d'Henri qui se cache la figure et examinant le jeune homme avec attention.

Le mariage se fera dans trois semaines...

HENRI, marche avec agitation, en pleurant.

Oh ! c'est abominable !

HOTZEPLOTZ, le poursuivant.

Elle s'en ira en Italie avec un autre... Elle s'en ira dans l'Engadine... un autre enlacera sa taille.. un autre caressera ses blonds cheveux...

HENRI.

C'est affreux ! C'est atroce ! C'est abominable !

Il tombe exténué sur le canapé.

HOTZEPLOTZ, le regardant.

Non, ce n'est pas intéressant... Ce n'est pas intéressant... Il peut sourire ou pleurer, ça m'est complètement égal... (A Henri.) On vous accorde la la main de cette jeune fille...

Gomois, stupéfait, le regarde.

GOMOIS

Monsieur Hotzeplotz...

HOTZEPLOTZ, à Gomois.

Allez vite annoncer à votre fille que vous lui don nez ce petit jeune homme... (Montrant Henri.) Ça, c'est insignifiant, quelconque... Donnez-lui votre fille...

HENRI, au comble de la joie.

Mon oncle! Mon oncle!... Alors, je puis l'annoncer à mon patron?

HOTZEPLOTZ.

Oui, annoncez-le à qui vous voudrez, mais allez! allez! allez! C'est fait! C'est fait!

HENRI, allant à Gomois.

Mon oncle, je veux vous remercier...

HOTZEPLOTZ.

Laissez-le! Laissez-le! Qu'il aille le dire à la petite.

HENRI.

Je vais annoncer la nouvelle à mon patron...

HOTZEPLOTZ.

Oui, on vous l'a dit. Filez! (Gomois sort à gauche. Henri par la droite. Hotzeplotz se place devant sa toile, fait deux traits. Puis il regarde du côté où est parti Gomois, en donnant des signes d'impatience. La cuisinière frappe à la porte de droite.) Qu'est-ce que c'est encore?

LA CUISINIÈRE.

Monsieur, c'est un ouvrier que vous avez de mandé pour enlever la tenture.

SCÈNE VIII

HOTZEPLOTZ, L'OUVRIER.

HOTZEPLOTZ.

Ah ! oui, qu'il vienne tout de suite. (Entre l'ouvrier avec une échelle.) Tant que cette hideuse tenture neuve sera là, je ne pourrai pas travailler... Dépêchez, dépêchez ! (L'ouvrier monte sur l'échelle et se met à déclouer la tenture. Tout à coup, Hotzeplotz qui l'a observé distraitement d'abord, puis avec attention, lui crie :) Arrêtez ! Ne bougez plus !

L'OUVRIER.

Pourquoi ça, monsieur ?

HOZTEPLOTZ, ému.

Ne bougez plus, je vous en conjure ! Oh ! ce geste de bras ! (Très agité, il enlève précipitamment du chevalet la toile du Sourire et met à la place une autre toile, toute blanche.) Ne bougez plus, je vous en supplie à mains jointes ! Oh ! ce geste de bras ! tout le geste du travail humain !

Il commence à dessiner.

L'OUVRIER.

Ça va-t-il durer longtemps comme ça, monsieur ?

HOTZEPLOTZ.

Oui !... Non !.. Restez le temps qu'il faudra... Vous ne vous en repentirez pas. (Oppressé, tout en dessinant.) Oh ! ce mouvement de bras ! Tout le labeur de la race est là-dedans ! Toute l'humanité

qui s'efforce, qui peine, qui ahane ! Oh ! j'arrêterai
là, sur ma toile, la synthèse du travail éternel !

GOMOIS, rentrant.

Eh bien, soyez heureux ! Elle l'a repris, son sourire ! (Il peint sans répondre.) Il travaille déjà. (A madame Gomois et à Lucie qui entrent.) Il va être content !

LUCIE.

Et moi aussi, papa !

MADAME GOMOIS.

Et moi aussi, va !

GOMOIS.

Mais je suis peut-être imprudent... Ce petit Henri
est tellement jeune !...

SCÈNE IX

HOTZEPLOTZ, GOMOIS, MADAME GOMOIS, LUCIE, HENRI, L'OUVRIER.

HENRI, entrant en coup de vent.

Mon oncle ! Un bonheur n'arrive jamais seul ! En
apprenant que je vais être votre gendre, mon patron m'associe ! Il m'associe !

GOMOIS.

Ah ! ça, c'est bien !

MADAME GOMOIS,

Oh ! quel bonheur !

GOMOIS.

Tout ça, grâce à monsieur Hotzeplotz ! (A Hotze
plotz.) Monsieur Hotzeplotz, regardez ma fille !

Hotzeplotz se retourne, sourit vaguement à Lucie, et se
remet à travailler.

HENRI, à Hotzeplotz.

Monsieur, vous avez entendu, mon patron m'associe... il m'associe, il m'associe !

HOTZEPLOTZ, sèchement, un peu nerveux.

Compliments... (D'un ton suppliant.) Messieurs et
madame, mademoiselle, voulez-vous me faire un
grand plaisir ?

GOMOIS.

Oh ! monsieur Hotzeplotz, nous n'avons rien à
vous refuser !

MADAME GOMOIS.

Pensez vous ! le bienfaiteur de la famille !...

HOTZEPLOTZ.

Eh bien, allez-vous-en !... Allez-vous-en, allez-
vous-en de la maison... Que je ne vous voie ni ne
vous entende plus !

Gomois et les autres se dirigent timidement vers la
porte.

L'OUVRIER.

Ça sera-t-il encore long, monsieur ?

HOTZEPLOTZ, d'une voix terrible.

Ne bougez plus ! Monsieur Gomois vous donnera
deux mille francs. (A Gomois.) Deux mille francs,
c'est assez. (A l'ouvrier.) Mais ne bougez plus !

L'OUVRIER.

Deux mille francs !

HOTZEPLOTZ.

Ne bougez plus ! (Aux autres.) Allez-vous-en ! (A lui-
même.) Tout le labeur de la race...

> Le rideau tombe pendant que les autres s'en vont len-
> tement. Hotzeplotz continue à peindre, au comble de
> l'exaltation.

Rideau.

Imprimerie Générale de Châtillon-sur-Seine. — A. PICHAT.

A LA MÊME LIBRAIRIE

Pièces en un acte.

Titre	H	F	Prix
Agence Matrimoniale, comédie	2	2	2 »
Aimable lingère (Une), comédie	4	2	2 »
Anglais tel qu'on le parle (L'), comédie	6	2	2 »
Arriviste (Un), com	4	2	2 »
Avancement, (L') co-médie	1	1	2 »
Beau Mariage (Un), co-médie	2	2	2 »
Bisbis de ménage, co-médie	1	2	2 »
Chance du Mari (La), comédie	4	1	2 »
Chauffeur (Le), comé-die	5	1	2 »
Cher maitre, comédie	2	5	2 »
Chez le ministre, com	3	2	2 »
Cinquante mille dollars, drame	2	2	2 »
Clématite, comédie	1	1	2 »
Cœur à ses raisons (Le), comédie	2	2	2 »
Consolateur (Le), co-médie, (costumes Louis XVI)	2	2	2 »
Consultation de 1 à 3, comédie	1	1	2 »
Contre-appel, bouff. militaire	6	2	2 »
Correspondance (La), comédie	4	2	2 »
Coteaux du Médoc, (Les), comédie	2	1	2 »
Crabe (Le), 2 actes, co-médie	7	5	2 »
Croix (Les), comédie	4	1	2 »
Dans la grande roue, comédie	1	1	2 »
Dans le bleu, comé-die	2	3	2 »
Depuis six mois, com	2	2	2 »
Dette et la dot (La), comédie	1	1	2 »
English School, com	1	1	2 »
Fait divers, com	1	2	2 »
Fiancée du Cambrioleur (La), comédie	2	2	2 »
Foudroyé, comédie	2	2	2 »
Franches lippées, co-médie	3	3	2 »
Frère (Un), com	4	2	2 »
Goberon, comédie	5	2	2 »
Grande Consultation, c.	2	2	2 »
Gribouille, com	7	4	2 »
Idée de Colette (L'), co-médie	2	2	2 »
Jeu de l'amour et du bazar (Le), comédie	1	2	2 »
Je vais m'en aller, co-médie	1	1	2 »
Julien n'est pas un in-grat, comédie	4	2	2 »
Limaçon (Le), comé-die	1	2	2 »
Lune rousse, com	3	2	2 »
Madame Bigarot n'y tient pas, comédie	3	3	2 »
Madame et Monsieur, saynète	1	1	2 »
Mademoiselle est sortie, comédie	1	2	2 »
Mariage à Londres (Un), comédie	3	3	2 »
Mariage d'amour, co-médie	1	1	2 »
Mariage de Palmyre, (Le), comédie	0	6	2 »
1807, comédie	4	3	2 »
Mon noyé, comédie	2	1	2 »
Notre candidat, comé-die	1	2	2 »
Octave, comédie	4	1	2 »
Œil de verre, (L'), co-médie	1	2	2 »
Ouarda, com	1	1	2 »
Par un jour de pluie, comédie	3	2	2 »
Passe temps de la Reine (Les), comédie	1	0	2 »
Péril jaune, comédie	2	2	2 »
Peur (La), comédie	4	2	2 »
Poulailler (Le), comé-die	2	6	2 »
Pour son programme, comédie	1	3	2 »
Pour un rond de cuir, comédie	4	1	2 »
Prétexte (Le), comédie 2 actes	3	4	2 »
Quatorzième convive (Le), comédie	2	2	2 »
Respect de l'Amour (Le), comédie	1	1	2 »
Rival pour rire, com	2	1	2 2 »
Rosalie, comédie	1	2	2 2 »
Seul!... enfin, comédie	1	1	2 2
Signal d'alarme, comé-die	1	1	2 »
Snobinette, comédie	2	1	2 2 »
Télémaque, com	2	2	2 2 »

Imprimerie Générale de Châtillon-sur-Seine. — EUVRARD-PICRAT.

9 782329 659220